AF253514

LA
MAJORITÉ

PARLEMENTAIRE

PAR

JULES BRISSON.

PARIS

ADOLPHE RENÉ, LIBRAIRE-ÉDITEUR

RUE DE SEINE, 36.

1849

LA
MAJORITÉ PARLEMENTAIRE.

I.

> Il devait arriver de deux choses l'une :
> ou que Rome changerait son gouverne-
> ment, ou qu'elle resterait une petite et
> pauvre monarchie.
>
> MONTESQUIEU. — *Grandeur et décadence.*

Non! s'est écrié la France, je ne suis pas une nation vénale! Non! ils ne me vendront pas, comme jadis les fils de Jacob vendirent leur frère, après avoir ensanglanté ses vêtements. Non! ces vils trafiquants ne jouiront pas long-temps de leur marché infâme! Ils peuvent tromper ma confiance, épuiser mon énergie, baillonner ma bouche, me jeter toute sanglante aux pieds des bourreaux, mais m'avilir? Jamais!.....

Tel fut le cri que la France indignée poussa le 24 février. Date glorieuse! où elle se releva grande et fière, où elle brisa les portes vermoulues du cachot où une monarchie souillée la retenait captive. D'une main elle prit sa lance de bataille, de l'autre elle secoua sur la tête des peuples le flambeau de la raison, et d'une voix retentissante elle s'écria : Nations du monde, voyez ! je suis encore la France !

Et pour preuve de ce qu'elle disait, elle prit le trône du dernier de ses rois, et alla le brûler sur la place de la liberté. Les refrains de la *Marseillaise* montèrent vers le ciel avec les flammes du bûcher, et le peuple, étendant la main sur ce bûcher expiatoire, prononça contre la royauté le serment terrible d'Annibal.

II

Quand tout un peuple se lève et se met en marche, il faut, selon ses forces, le précéder ou le suivre. Quiconque se retourne pour regarder en arrière est un traînard inutile. Malheur à celui qui s'arrête et attend !

Marc FOURNIER.

Qu'elle était belle alors ! Moi, un des plus

jeunes enfants de la génération nouvelle, je la vis naître et grandir à l'abri de ce drapeau tricolore qui flotta triomphant sur toutes les capitales de l'Europe, et la patrie du grand peuple, appuyée sur cinq cent mille baïonnettes, put regarder en face les autres nations, et leur renvoyer le rire moqueur dont pendant trente ans elles l'avaient accablée.

Qu'elle était belle, lorsque, sortant de sa léthargie profonde, elle alla réveiller cet instinct de la liberté qui couve dans le cœur des hommes comme la flamme d'un volcan ! L'Autriche perdait son sang par mille plaies, et le tyran du nord, tremblant pour lui-même, se retirait au fond de ses glaciers. L'Italie ranimée à ce souffle puissant qui traversait les Alpes s'élança frémissante de son cercueil. L'Allemagne fit retentir du cri de guerre les échos du Rhin ; la Pologne vit enfin briller l'étoile de l'espérance dans son ciel si longtemps voilé, et la Hongrie présenta aux yeux de l'Europe stupéfaite d'admiration le spectacle d'une nouvelle lutte de géants.

———————

III

> Mais les peuples se relèveront. Les peuples ressemblent à ces forêts plantureuses qui repoussent d'autant plus que la hache les émonde et les coupe. Malheur, malheur à ceux qui ont mis les peuples en coupe réglée pour les empêcher de grandir !
>
> Mathieu (de la Drôme). — Séance du 18 octobre.

Vains efforts ! attente stérile ! L'Italie succombe dans la plaine de Novarre ; Venise, enveloppée d'un réseau de fer, meurt dans l'isolement ; la Hongrie, la héroïque Hongrie voit son sol s'abreuver du sang de ses défenseurs, et ses villes se hérisser de gibets et de potences.

Toutes crient vers la France d'une voix agonisante. Pourquoi celle-ci, honteuse spectatrice d'une lutte qu'elle a provoquée, s'endort-elle tranquillement dans son égoïsme? Pourquoi ne pousse-t-elle pas en avant cet héritier d'un grand nom, qui arriva les mains pleines de promesses, et qui devrait au moins veiller sur sa gloire, sinon sur sa liberté?

Mais non, je me trompe; non, la France ne dort plus! A la voix de Rome assassinée, elle s'est réveillée en sursaut, et des Pyrénées aux Alpes, de la Méditerrannée aux bords de l'Océan, ce n'est qu'un frémissement d'indignation, qu'un cri de réprobation et de haine, qui fait explosion dans tous les cœurs.

IV

Leur sourde ambition n'ignore point les brigues ;
Souvent plus d'un pays s'est plaint de leurs intrigues.

VOLTAIRE.

Pendant longtemps ils s'étaient cachés dans l'ombre, ces éternels ennemis des peuples, pour y tramer leurs ténébreux complots. Complices de toutes les orgies monarchiques, ils se méprisent entre eux.

N'adorant qu'un Dieu, l'or, toutes les places leur sont bonnes pour se mettre à genoux devant lui. N'ayant qu'un sentiment, l'orgueil, toutes les actions leur paraissent louables, pourvu qu'elles leur servent à monter d'un échelon.

Profondément corrompus et le corps couvert d'ulcères dégradantes, ils ramassent où ils peuvent des lambeaux de pourpre pour cacher leur nudité.

Courtisans pliés à toutes les bassesses, avilis à toutes les intrigues, ils revêtent sans cesse de nouvelles formes pour se présenter aux yeux du public.

Eternels ennemis de toutes les libertés, ils en invoquent sans cesse le drapeau.

Prévaricateurs honteux de toutes les lois, lorsque ces lois ne consacrent pas des privilèges, ils ont toujours à la bouche le mot d'ordre et de légalité.

Jongleurs politiques, papistes ou athées, jésuites ou voltairiens, absolutistes ou libéraux, suivant les circonstances et leurs intérêts, ils accusent leurs adversaires de changer sans cesse suivant le flux ou le reflux des opinions.

Charlatans éhontés, ils vont démentir le lendemain ce qu'ils ont dit publiquement la veille.

Fidèles aux doctrines de leurs maîtres, ils flattent de la main gauche, lorsqu'ils tiennent de la main droite le poignard qui doit assassiner.

Tels sont en peu de mots ces hommes qui ont trahi leurs mandats le lendemain de leur élection, et qui élèvent un mur d'airain entre le président de la nation et l'opinion publique, afin de mieux le tenir sous leur insolente tutelle.

V

Horum hominum species est honestissima ; sunt enim locupletes : voluntas verò et causa, impudentissimæ.

Cicéron. — IIᵉ Catilinaire.

Voyez-les à l'œuvre !... Quelle souplesse ! quelle agilité ! mais aussi quelle hypocrisie et quelle mauvaise foi !

Après avoir crié à tue-tête : Vive la république ! dans les comices électoraux, ils commencent à reprendre un à un tous les abus et à les replacer sur leur piédestal, d'où une révolution légitime dans ses principes et sainte dans son but les avait précipités.

Ils interdisent le droit de réunion, eux qui, pour faire triompher ce droit, ont un jour agité le tocsin des révolutions.

Ils suppriment la liberté de la presse, eux dont l'intelligence fût restée stérile sans cette liberté.

Ils vont détruire la nationalité des peuples, eux qui ont acquis leur popularité mensongère en tonnant du haut de la tribune contre les oppresseurs des nationalités.

Ils traînent le drapeau de la France dans la honte, après l'avoir traîné dans le sang, eux qui, sous la monarchie, n'avaient pas assez de poumons pour flétrir les partisans de la paix à tout prix.

Ils étendent l'état de siége sur la moitié de la France, à propos d'une vaine mascarade au 13 juin, eux qui ne voulaient pas le voter pour Paris au 24 juin, lorsque l'insurrection était triomphante. Ils crient sans cesse que si l'on ne maintient pas les impôts qui pèsent sur le peuple, le pays va tout droit à une banqueroute, eux qui augmentent les traitements des fonctionnaires, et paient des pensions aux hommes qui ont ruiné la France.

Ils n'ont pas assez de bassesses et d'adulations pour le neveu de Napoléon, eux qui, en 1815, vendaient leur patrie aux Cosaques pour se débarrasser de l'oncle.

« Ah! comme le dit un grand publiciste [1], « on ne peut pas trop avoir de mépris pour la « conduite scandaleuse de ces hommes qui « précipitent un peuple dans la rue, font une « révolution, renversent un trône, et, dès « qu'ils se sont assis sur le siége qu'ils con- « voitaient, n'ont rien de plus pressé que de « reculer les bornes de l'arbitraire qu'ils « avaient flétri, quand l'opposition leur était « nécessaire pour escalader le pouvoir. »

Oui, je le dis avec dégoût, ce serait à renier son pays, si de pareils hommes représentaient la France !

[1] Émile de Girardin. *Presse* du 18 octobre.

VI

> Vous serez jugés par l'histoire, qui vous
> réservera une triste page, en tête de la-
> quelle sera inscrit ce mot : Trahison !
>
> Emm. Arago. — Séance du 20 octobre.

Mais non, quoi qu'ils en disent, ils ne la
représentent pas ! Ils ont pour eux la majorité
du nombre, qu'ils ont acquise au prix de dé-
goûtants mensonges et d'ignobles calomnies.
Le pays leur a retiré le lendemain du 13 mai
le vote de confiance qu'il leur avait donné la
veille, lorsqu'ils les a vus fouler dédaigneuse-
ment aux pieds tous les droits, tous les enga-
gements, toutes les promesses qu'ils avaient
juré d'observer et de défendre. De ce jour-là,
ils ont été moralement déchus du pouvoir.

La France a le droit de leur dire : « Je vous
« renie, hommes du passé. Votre drapeau
« n'est pas le mien, et vos vertus me font
« rougir. Retirez-vous, fils ingrats ! Depuis
« soixante ans je vous ai mille fois retrouvés

« sur des champs de bataille ennemis, diri-
« geant contre moi l'épée que je vous avais
« confiée pour me défendre !

« Je vous ai vus dans les plaines de Water-
« loo battre des mains à mesure que mes ba-
« taillons jonchaient le sol.

« Je vous ai vus fusiller en 1815 les glo-
« rieux débris de mes grandes armées, et dis-
« tribuer l'argent de mes trésors à ceux qui
« m'avaient trahie.

« Je vous ai vus sourire de joie à la chute
« de la Pologne, ma sœur martyre, qui récla-
« mait en vain de vous le salaire de sa fidé-
« lité.

« Et récemment encore, lorsque, épuisée
« par deux révolutions, je demandais d'une
« voix mourante que vous respectiez mes dou-
« leurs, vous ne m'avez pas écoutée ! vous
« avez à dessein évoqué le fantôme de la mi-
« sère ; vous avez entretenu le sang de mes
« plaies, au lieu de les cicatriser.

« Vous violez chaque jour les lois que je me
« suis librement données, et vous repoussez
« sans cesse la main que je vous tends pour
« vous demander l'aumône d'un peu d'hon-
« neur et de dignité. Retirez-vous ! je vous re-

« nie, car, après m'avoir ruinée, vous me dés-
« honorez ! »

VII

Vous avez menti sciemment !

Mazzini.— Lettre à Tocqueville et Fal-
loux.

« Vous avez menti sciemment ! » Tel est le
cri qu'a fait entendre naguère un homme re-
commandable par ses vertus et ses malheurs,
un homme que sa qualité d'exilé devrait ren-
dre respectable à tous les partis. Et cette apos-
trophe sanglante, qui vous a été lancée en
face de l'Europe, et qui vous a marqués au
front comme un fer rouge, est tombée sur
vous, ministres de France !

Vraiment, j'en rougis pour mon pays. C'est
la première fois peut-être depuis de longs siècles que le gouvernement français, pour excu-
ser une expédition française, s'est vu obligé
de descendre jusqu'au mensonge. C'est pour

la première fois peut-être que le drapeau national, ce drapeau glorieux pour lequel des milliers de soldats allaient mourir dans les neiges de la Russie ou dans les plaines brûlantes et sablonneuses de l'Afrique, a été déployé pour abriter sous ses nobles couleurs la lâcheté et la mauvaise foi. Eh quoi! la France serait-elle donc descendue si bas qu'elle n'osât parler en face à ses adversaires! Serait-elle condamnée à un rôle assez vulgaire, cette France de Louis XIV, de la Révolution et de l'Empire, pour agir dans l'ombre et se traîner honteusement dans les voies ténébreuses de l'hypocrisie!

Non! M. Mazzini, vous avez raison de le dire, ce n'est pas la France qui a parlé en cette circonstance. Que tout le poids de votre anathème retombe sur la tête de ces hommes qui changent aussi facilement de bannière que de rôle, lorsque le besoin de s'élever oblige leur orgueil de recourir aux armes de l'astuce ou aux menées de la trahison! Eunuques politiques, incapables de produire quelque chose d'utile pour le peuple, ils se donnent pour les sauveurs de la société, eux qui, étant au sommet du pouvoir, ont fait tomber deux monar-

chies par leurs mesures aveugles et oppressi-
ves, ou par le mépris qu'inspiraient leurs actes. Ils ont gâté jusqu'à ce jour tout ce qu'ils
ont approché, et ils feraient tomber la République comme ils ont fait tomber la monarchie, si la République leur confiait plus longtemps ses destinées, et si la République était
de la nature des choses qui peuvent périr.

Heureusement un cœur vraiment national
bat dans la poitrine de cette jeunesse, avant-
garde de l'avenir, et la France sait que sous
des masques empruntés se cachent les hommes
de ce même parti qu'elle combat depuis plus
d'un demi-siècle.

VIII

> ... J'écarte la question romaine, qui me
> pèse sur le cœur comme sur la diploma-
> tie du pays.
>
> LAMARTINE.

Oui, la Constitution a été violée! C'est là le
cri de ma conscience, et ni vos prisons, ni vos

geôliers, ni vos gendarmes, ne pourront m'empêcher de le faire entendre. Ah! si vous aviez pu supprimer la liberté de penser comme vous avez supprimé celle de se réunir et d'écrire, vous n'auriez point laissé votre besogne incomplète! Vous auriez bien rayé de nos vocabulaires le mot vérité, comme vous avez rayé de vos cœurs celui de franchise. Heureusement vous n'intimidez que les âmes faibles. Devant ceux qui comprennent leurs droits, vous hésitez à combattre, et votre colère se traduit par le mot impuissance.

Longtemps encore on vous dira que vous avez violé la loi, du jour où, faisant débarquer nos soldats sur les côtes d'Italie, vous les avez contraints à pointer leurs canons sur un peuple ami, dont le seul tort, à vos yeux, est d'avoir voulu être libre. Vraiment, j'ai souri de pitié lorsque j'ai entendu vos pitoyables arguments pour nous montrer comme légitime une croisade impie et sacrilége.

Il y aurait de la honte, a dit Montalembert[1], de vouloir contraindre le pape, car le fort s'avilit dès qu'il abuse de sa puissance contre le faible... Eh! mon Dieu! pourquoi donc qua-

---

[1] Séance du 19 octobre 1849.

2

tre grandes puissances se sont-elles liguées pour aller attaquer un petit peuple tranquille chez lui, qui n'avait que quelques poignées de soldats à leur opposer? Pourquoi la France, pour sa part, a-t-elle expédié trente mille hommes de ses meilleures troupes, plus qu'il n'en fallut autrefois à Bonaparte pour faire la plus brillante de ses campagnes? Est-ce là l'abus de la tyrannie? Ah! vous avez raison, M. de Montalembert, le gouvernement a oublié que le drapeau national n'est pas un drapeau de sacristie, mais un drapeau de liberté.

Et non content des lauriers qu'il a moissonnés à Rome, ce même gouvernement voudrait empêcher qu'en France des voix vraiment françaises protestassent contre la flétrissure dont il s'est couvert! Il voudrait que la France, par un silence honteux, se rendît complice des turpitudes du pouvoir, et que tous les cœurs, à l'unisson du *Constitutionnel* et de *l'Univers*, fissent entendre un concert sympathique de louanges!...

Non! non! messieurs, détrompez-vous! Votre gloire, nous ne l'envions pas; elle vous appartient tout entière. Tressez-vous des couronnes de vos propres mains; entonnez des hymnes de victoire ; enterrez votre honte sous quatre cent-cinquante voix dans l'urne du scrutin ; jetez sur les bancs des cours d'assises tous ceux qui laissent échapper le cri de leur conscience ! Quant à nous, muets spectateurs de vos triomphes, nous sourions de vos joies d'enfants, et nous déplorons votre aveuglement criminel. Vous pouvez chanter et rire, et vous applaudir de vos succès, vous ne donnerez pas le change à l'opinion publique. Vos grimaces surannées ne parviendront jamais à effacer la tache de sang et de boue qui a rejailli sur votre front. Longtemps encore, la France vous demandera compte du sang de vos soldats inutilement versé, et des millions de votre budget dépensés en pure perte. Vous pouvez avoir l'indulgence du Saint-Père, mais à coup sûr vous n'aurez pas le pardon de l'avenir.

IX

O ma patrie !
LOUIS BLANC.

C'est à nous surtout, pauvres jeunes poëtes,

pauvres jeunes artistes, de gémir sur des fau-
tes qui ne sont pas les nôtres. Renonçons
maintenant à aller visiter ces villas, ces paysa-
ges, ce beau ciel d'Italie, dont nous avons en-
trevu à travers nos rêves les magnifiques
splendeurs.

Sur les rivages, on voit partout des croi-
sières ennemies ; le soir, la sentinelle vous crie
de rentrer dans vos demeures, et la nuit n'a
plus pour vous ni de rendez-vous d'amour ni
de voûte étoilée. Si vous voulez chanter quelques refrains du Tasse, on vous accuse de
pousser les citoyens à la révolte ; si vous voulez peindre un paysage, des séides de la tyrannie vous conduisent au corps de garde, et de là
aux conseils de guerre comme espion.

Tout est mort dans la patrie des Dante et
des Pétrarque. Milan ressemble à un sépulcre ;
Venise n'a plus de sérénades, ni de gondoles
festonnées de fleurs sur les lagunes ; Florence,
la ville des Médicis, n'a plus de fêtes ; et Rome,
la Rome d'Auguste et de Léon X, se voile le
front sous un crêpe de deuil, car elle a perdu
sa liberté ! ! !

Hélas ! je l'ai vue cette Rome, il n'y a pas
longtemps : la Révolution de Février n'avait

pas encore déchiré devant les yeux de l'Europe le voile de l'avenir. Des accents de joie, des aspirations d'espérance, s'élevaient de tous les cœurs vers un pape, vers un saint homme, vers le Pie IX des deux premières années. Il n'était pas alors l'ami de ses cardinaux, mais il était celui de son peuple. Il bénissait ses sujets, lorsque ceux-ci passaient sous ses fenêtres du Monte-Cavallo, et s'écriaient : Liberté! liberté!!!

Les jésuites le maudissaient dans l'ombre, et préparaient déjà contre lui les intrigues qui l'ont perdu. Mais Pie IX, inspiré du ciel, marchait dans la voie de ses réformes, animé par sa foi, et soutenu par l'esprit de l'Evangile...

Hélas! depuis il a pactisé avec les ennemis de son peuple. Ah! détournons la face de ce sanglant spectacle... Le successeur de saint Léon a appelé les étrangers dans les murs de Rome; le vicaire du Christ a signé les tables de proscription; il a tiré l'épée du fourreau, et les plus nobles enfants de la vieille patrie des Brutus et des Gracques sont allés mendier, dans de lointains climats, le pain de l'étranger. Rome enfin est morte! morte!... et ce sont

des mains françaises qui lui ont fait ses funé-
railles!...

Jeunes poètes et jeunes artistes, gémissons!...
Les chefs-d'œuvres de la nature et de l'art, en-
tamés par les bombes, seront bientôt ensevelis
sous des débris, et l'Italie irritée maudit le
nom de notre patrie.

X

> L'institution de la République a eu trois
> buts : le premier, élargir le gouvernement,
> qui n'appartenait qu'à quelques-uns, et
> le donner à tous, afin que chacun, ayant
> sa part légitime et personnelle de pouvoir,
> eût ainsi sa part proportionnelle et légi-
> time de justice.
>
> LAMARTINE. — *Conseiller du peuple.*

Ils disent : Nous ne voulons pas de votre
République, car ce n'est qu'une misérable pa-
rodie de 93. Nous ne voulons pas de votre liberté, car c'est en ce nom que l'on ordonna les
massacres de septembre, et que la Convention

nationale décréta la mort de Louis XVI. Nous ne voulons pas de vos utopies ni de vos réformes sociales, car ce sont elles qui ont rempli au XVIe siècle l'Europe de sang.

C'est ainsi qu'en nous rappelant les excès du passé, ils croient nous dégoûter des grandeurs de l'avenir !

Nous pouvons leur répondre : Nous ne voulons pas plus que vous les excès démagogiques qui déshonorent l'humanité, et qui se produisent parfois chez les peuples lorsque de trop longues souffrances leur ont donné le délire de la fureur. Mais ce que nous voulons, c'est la conséquence des principes que nous avons proclamés dans nos révolutions.

Nous voulons que la France ne soit plus gouvernée par une poignée de banquiers et d'agioteurs ; que l'argent n'usurpe pas les priviléges qui ne sont dus qu'au mérite ; que, pour s'élever et grandir, l'homme ne soit plus obligé de vendre sa conscience et de courber la tête sous le baptême de la corruption la plus effrénée ; que le travail soit encouragé et récompensé ; que l'on abolisse certains impôts qui accablent le pauvre laborieux, et que l'on frappe davantage sur le riche oisif ; que l'on n'enlève pas à l'agriculture une foule de bras utiles pour les transporter dans les garnisons, ou bien que, si l'on dépense chaque année quatre cents millions pour entretenir une armée de cinq cent mille hommes, cette armée soit employée à soutenir l'honneur national, à faire respecter le nom de la France au dehors, et non à servir d'auxiliaire à la police.

XI

> Le premier gouvernement de la nation française fut républicain. Aujourd'hui le peuple, rentré en possession de ses droits, reprend une constitution républicaine; il n'y a là qu'un retour simple et naturel à son premier état.
>
> L'abbé MABLY. — *Observations sur l'Histoire de France.*

Non ! nous ne voulons point bouleverser la société, anéantir la propriété, détruire la famille. Nous possédons comme vous ; nous avons des femmes, nous avons des enfants, nous avons des sœurs, des pères et des mères comme vous, et la nature n'a pas placé chez vous seuls le monopole des bons sentiments. Nous aimons l'ordre et la prospérité; nous aimons les lettres, les sciences et les arts, et votre cœur ne bat pas plus que le nôtre au grand nom de vertu.

Mais nous comprenons mieux notre siècle; nous sommes mieux à la hauteur du progrès et des lumières; nous avons débarrassé nos épaules du lourd manteau des préjugés, et, permettez-moi de vous le dire, nous sommes aussi plus religieux que vous.

Oui, nous voulons la République, parce que c'est le seul gouvernement contre lequel notre raison ne se révolte pas. Mais nous ne la voulons pas seulement de nom, nous la voulons aussi de fait, avec la devise de l'Evangile pour base et la raison humaine pour guide.

Vous, au contraire, vous voulez la royauté, et pour réaliser vos rêves imprudents, vous ne reculez devant aucune mesure violente, devant aucun moyen de compression. Disciples de Machiavel, vous voulez avilir les hommes pour les mieux gouverner. Vous voulez régner sur l'humanité, que vous déshonorez, au nom de Dieu, auquel vous ne croyez pas, et dont vous feriez douter. Hommes incorrigibles! le passé ne vous a-t-il donc pas instruits, et l'avenir ne vous épouvante-t-il pas?

Et remontons, si vous voulez, aux sources de l'histoire. Nous verrons que presque toujours les monarchies commencent par les meurtres et par les crimes, et finissent par la honte et par l'expiation. Les républiques au contraire existent depuis le commencement du monde, et c'est toujours vers elles que les peuples, lassés de porter des chaînes, ont tourné leurs regards.

C'est la République qu'avait rêvée Socrate, et qu'entrevit Platon, il y a déjà de longs siècles.

C'est la République qui fit fleurir en Grèce les lettres, les sciences et les arts, et tout ce qui peut concourir au bonheur des hommes.

C'est la République qui chassa de Rome ces familles impies de rois, dont l'unique occupation était d'opprimer les peuples, d'amasser des trésors, et de violer des femmes.

C'est la République que Jésus-Christ révéla à la terre, lorsqu'inspiré du ciel il accomplit le doulonreux sacrifice de la rédemption sur le sommet du Calvaire.

C'est elle qui a planté le drapeau de la liberté sur les montagnes de la Suisse.

C'est elle qui fait jouir les peuples du Nouveau-Monde d'une constante prospérité.

C'est elle qui inspirait saint Vincent de Paul et Fénelon, lorsque ces pieux apôtres de l'humanité répandaient la charité à pleines mains.

C'est elle qui, il y a à peine soixante ans, a régénéré la France, en anéantissant tous ces hommes gonflés d'orgueil, dont la vanité stérile s'engendre dans la boue et fructifie dans le sang.

C'est elle enfin qui, subissant aujourd'hui sa dernière transformation, après avoir aboli l'échafaud politique, est venue ranimer la Fraternité éteinte parmi les hommes, consoler les prolétaires déshérités des bienfaits de Dieu, et plonger l'orgueil humain, à commencer par le vôtre, dans les sombres abîmes où gémit Lucifer.

Préférer les royautés aux républiques, c'est préférer les abus à la raison, les priviléges à la justice, les règnes hideux de Caligula et de

Tibère aux époques florissantes des Camille et des Scipions.

***

XII

> Les uns espèrent dans le prince de Joinville ; les autres murmurent le nom de Henri V ; d'autres se rappellent l'Empire et vous désignent. Prenez garde ! prenez garde !
>
> LOUIS BLANC. — *Nouveau Monde.*

Mais ce n'est pas votre affaire, à vous, que les priviléges disparaissent, que les abus soient effacés ou punis. Votre orgueil se révolte de devoir au peuple compte de vos actes, et votre conscience s'épouvante, en songeant que le pays peut à chaque instant vous citer devant le tribunal de l'opinion publique.

Ah ! membres de la majorité, et vous, ministres de Louis Bonaparte, je vous le dis bien haut, afin que vous puissiez l'entendre : Vous courez à une révolution nouvelle, sombre, terrible, implacable. Les flots seront d'autant plus terribles que le torrent aura été plus longtemps contenu par les digues, et alors c'est en vain que vous invoquerez les lois pour vous protéger et vous défendre. Les lois seront impuissantes, car, au lieu de les faire chérir, vous aurez enseigné à les violer.

Eh mon Dieu ! souvenez-vous qu'à la Législative, dans la première révolution, on vit succéder la Convention nationale !

Souvenez-vous qu'en 1830 Charles X, pour avoir porté la main sur la plus chère de nos libertés, la liberté de la presse, est allé mourir en exil !

Souvenez-vous qu'en 1848, malgré la majorité de leurs satisfaits, Louis-Philippe et Guizot ont été obligés d'abandonner leur patrie et d'aller demander l'hospitalité de l'Angleterre.

Souvenez-vous que vous êtes devenus aujourd'hui les serviles plagiaires de cette politique que vous avez flétrie, et que l'avenir vous réserve sans aucun doute lés mêmes châtiments qu'aux ministres du dernier règne.

Etant au pouvoir, vous n'avez pas dit un mot, vous n'avez pas fait un acte, vous n'avez pas donné une seule instruction à vos

agents, que vous n'ayez volé, pillé de vos de-
vanciers.

Le vérité vous blesse, la réalité vous tue,
n'est-ce pas? Tant pis! il ne fallait pas la faire
si hideuse. Notre devoir, à nous publicistes,
est de monter sur la brèche, de signaler l'o-
rage à l'horizon, l'écueil au milieu de la mer,
et de tenir le peuple en éveil.

Parcourez la France d'un bout à l'autre,
cette France que vous avez souvent trompée.
Partout sur votre passage s'élèveront des cla-
meurs d'indignation, des cris de haine, des
sourires de mépris. Partout vous verrez ac-
courir devant vous des femmes en haillons,
des vieillards exténués de faim, des ouvriers
au teint livide, des veuves et des orphelins qui
vous reprocheront leur misère, et vous accu-
seront de leur avoir enlevé, celles-ci un fils,
celles-là un époux, d'autres un père, pour
les laisser croupir sur des pontons ou dans
les cabanons solitaires de vos prisons hu-
mides.

Jetez un coup d'œil sur l'Europe, vous verrez l'Angleterre vous rire à la face, la Russie
vous insulter, l'Autriche vous jeter un hautain
défi; l'Allemagne se demander : Est-ce donc là

la France? Là-bas, en Hongrie, du fond de ces fosses comblées de cadavres, du sein de ces forêts où errent des hommes héroïques traqués comme des bêtes fauves, entendez ces accents de malédictions qui montent jusqu'à vous! Ici, voyez Venise qui pleure; voyez Rome qui ronge son frein et qui vous appelle ses bourreaux....

Voilà le résultat de vos œuvres! voilà le but de toutes vos intrigues!

Vous préférez l'alliance de la Russie qui vous hait, de l'Autriche qui se méfie, de l'Angleterre qui se moque de vous, à l'alliance de ces peuples pleins de courage qui vous tendaient une main confiante, que vous auriez pu sauver, et qui ne demandaient qu'à vous bénir.

Maintenant le sacrifice est consommé!...

Pour ne pas voir la misère, vous êtes devenus aveugles; pour ne pas entendre les plaintes et les malédictions, vous fermez les oreilles; et pour échapper à la vengeance populaire, vous votez l'état de siége, et vous vous réfugiez derrière vos baïonnettes et vos canons.

Peine inutile! le peuple maintenant vous

connaît et vous juge, et de tous les cœurs s'échappe ce cri : A vous la honte! à vous le châtiment!

Paris, 4 novembre 1849.

Imprimerie de E. De Soye et Cᵉ, rue de Seine, 32, à Paris.

* 9 7 8 2 0 1 2 9 7 3 4 2 8 *